ORGANISATION

DES

THÉÂTRES DE LA PROVINCE

EN FRANCE,

LA VILLE DE PARIS EXCEPTÉE.

Si cela continue, incessamment
la fermeture de tous les théâtres
de France et de Navarre.

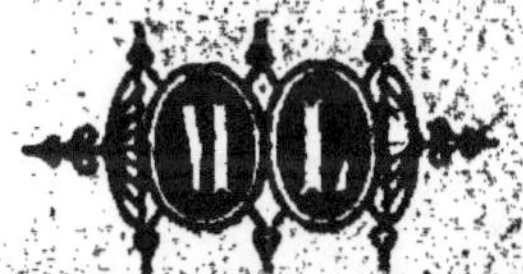

PARIS,
MICHEL LÉVY FRÈRES, LIBRAIRES-ÉDITEURS
RUE VIVIENNE, 1.

1850

ORGANISATION

DES THÉATRES DE LA PROVINCE

EN FRANCE.

Paris. — Imprimerie Dondey-Dupré, rue Saint-Louis, 46.

ORGANISATION

DES

THÉATRES DE LA PROVINCE

EN FRANCE,

LA VILLE DE PARIS EXCEPTÉE.

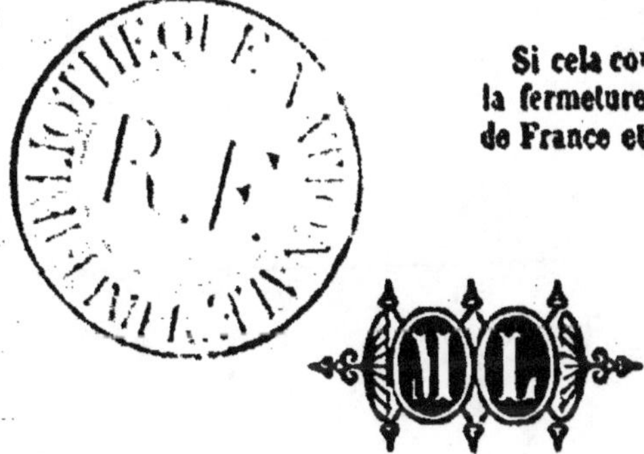

Si cela continue, incessamment
la fermeture de tous les théâtres
de France et de Navarre.

PARIS.

MICHEL LÉVY FRÈRES, LIBRAIRES-ÉDITEURS,

RUE VIVIENNE, 1.

—

1850

J'en appelle, pour ce qu'on va lire, aux Artistes, aux Directeurs de spectacle, au Public et aux Autorités des villes, qui sont les seuls intéressés dans la question.

PLAN ET ORGANISATION,

QUI CONSISTENT :

A encaisser, chaque soir, les recettes des théâtres de province dans la caisse d'une administration centrale installée à Paris, et cela, par des moyens nouveaux, résultant d'un nouveau *mode d'engagement* des artistes de la province envers l'administration, et d'une nouvelle *organisation* du travail de ces mêmes artistes vis-à-vis du public.

Mais on va peut-être me dire : Que deviendront les artistes de Paris? Comment! vous êtes plein de sollicitude pour la province et vous ne pensez pas à leurs frères, les artistes de Paris?

Mais quand vous aurez satisfait le public de la province et ses artistes, comment ceux de Paris pourront-ils désormais s'entendre pour aller, chacun à son tour, dans chaque grande ville, y prélever ces énormes contributions, ruineuses pour le public, fabuleuses pour ces mêmes artistes de province, et impudentes pour le public de Paris?

Que feront donc ces malheureux directeurs que vous empêcherez de se ruiner, et par la suite d'en ruiner d'autres?

Que vont faire ces malheureux correspondants de théâtre que vous ruinez aussi par votre nouvelle administration centrale, et que vous empêchez de ruiner et artistes et directeurs? Que feront tous ces gens-là? Ah! ma foi, plutôt que de répondre victorieusement, comme je le pourrais, à de semblables questions, j'aime mieux, comme compensation, vous faire entrevoir dans un avenir très-prochain, l'abolition des énormes et insolents appointements de la plupart des artistes de Paris, et la suppression certaine des subventions accordées aux théâtres par l'État.

Le ministère de l'intérieur est appelé à se mettre à la tête d'une semblable opération ; il en a tous les moyens, il en obtiendrait un résultat mille fois plus satisfaisant que de tous les projets de loi qu'il a proposés et qu'il proposera jamais à la chambre sur les théâtres ; il ne viendrait bientôt plus demander, chaque année, une aumône qu'il décore du nom de subvention pour les théâtres, et cela, sous le vain prétexte de la gloire de l'art théâtral en France.

Le ministère est donc appelé à s'en occuper, et s'il ne le fait pas, au moins, il ne peut empêcher une administration particulière de le faire.

Cependant le concours du ministère serait moralement utile à la prospérité de l'entreprise et lui coûterait peu. J'ajoute, du reste, que l'administration peut se passer de lui.

J'attends maintenant le résultat de l'enquête qui a été faite tout récemment, et dont le Conseil d'État est saisi, et laquelle a produit tant de discours parfaitement insignifiants de MM. tel, tel et tels, pour laquelle enquête, a été institué un comité composé de MM. tel et tel, et qui a nommé pour président M. tel.

L'ÉDITEUR

AU

PUBLIC.

Dans un moment où il est si fort question de lois sur les théâtres, et question de leur organisation sur de nouvelles bases, il n'est peut-être pas intempestif de mettre sous les yeux du public l'aperçu d'un plan d'organisation qui ne manque ni d'une certaine originalité, ni d'une certaine vérité au point de vue de la prospérité des théâtres de province.

Il n'est pas impraticable dans la position où ces théâtres se trouvent : il ne faut que vouloir. L'auteur, qui est très-compétent en pareille matière, a l'heureux avantage de parler un langage qui sera compris de tout le monde ; il met en relief les véritables causes de la décadence des théâtres, les véritables causes de leur ruine et le seul moyen d'y remédier efficacement. Mais il vaut mieux le laisser parler lui-même et lui laisser la responsabilité de son œuvre. L'auteur n'a pas besoin de prévenir qu'il n'est pas littérateur; on s'en apercevra peut-être de reste. Mais là n'est pas la question. Seulement, il est d'un positivisme désolant, car il assure que, hors de son plan d'organisation, hors de l'exécution immédiate de son plan, il n'y a à espérer, pour le public de province, que déception continuelle, et pour les comédiens (de province aussi) que la continuation d'une misère, dans laquelle ils sont déjà plongés, et la perspective d'une plus grande misère encore pour l'avenir, si cela était possible.

L'AUTEUR

AU

PUBLIC.

1° J'ai la prétention d'opérer une heureuse et bienfaisante métamorphose dans les théâtres de province.

2° J'ai les moyens certains d'amener peu à peu les villes, grandes et petites (celles qui possèdent ou posséderont par la suite une salle de spectacle), à n'avoir foi un jour que dans ma nouvelle organisation et à n'en pas vouloir d'autres.

3° J'ai les moyens de satisfaire les besoins des

artistes dramatiques et de leur assurer un sort un jour à venir.

4° J'ai la prétention et les moyens de les attacher d'une manière indissoluble à ma nouvelle organisation, au moyen de nouvelles combinaisons dans leur travail.

5° J'ai, de plus, la prétention d'être utile au Gouvernement, à l'art dramatique, et même la prétention de satisfaire le public le plus exigeant.

Tous ces moyens et toutes ces prétentions, qui paraissent exorbitants au premier abord, ressortiront clairs comme le jour d'un plan dont j'ai formulé les bases et dont je vais entretenir le lecteur, en attendant la réalisation possible, et peut-être prochaine, de ma nouvelle organisation.

Tout le monde sait que l'année théâtrale
en province se termine à Pâques, et tous les
comédiens savent aussi que chaque année ils
sont de plus en plus dans la détresse, que
l'avenir pour eux est plus que désolant.

Combien d'années veulent-ils rester encore dans cette malheureuse position? Sont-
ils bien à bout d'expédients? Veulent-ils
marcher sans cesse dans la même voie? alors
il n'y a rien à dire, rien à faire. Si les artistes
ont été payés par leurs directeurs exactement
pendant cette année; si le public a eu un
spectacle qui l'a satisfait toute cette année;

si les directeurs ont pu, je ne dirai pas faire des bénéfices, mais joindre ce qu'on appelle les deux bouts, cette année, alors tout est bien et l'on aurait tort de se plaindre; car les artistes, le public et les directeurs, voilà les seuls intéressés; s'ils sont tous contents, et nous ne demanderions pas mieux, il faut continuer les mêmes manières d'opérer.

Mais dans le cas contraire, qu'ils entendent tous une bonne fois la voix de la raison, qu'ils se laissent dire la vérité une bonne fois, qu'ils la comprennent bien, et qu'ensuite ils fassent l'application d'un nouveau système, d'un nouveau mode de travail, d'une nouvelle organisation des théâtres de province, laquelle est la seule possible, la seule efficace, et le seul remède à la détresse qui pèsera toujours sur les artistes, sur le public et sur les directeurs.

Lorsque nous parlons de la détresse des

artistes de la province, nous n'avons pas l'intention de rouvrir des plaies encore saignantes, nous ne voulons pas étaler le spectacle de leur misère, cela ne nous serait que trop facile; mais nous voulons leur faire voir que s'ils ne sont pas plus heureux il y a un peu de leur faute, peut-être même beaucoup. Pourquoi s'obstiner? pourquoi ne pas chercher s'il n'y a pas quelque chose de mieux à faire? pourquoi ne pas voir le mal où il est et le chercher où il n'est pas? Finissez-en donc une bonne fois... C'est très-sérieux, il y va de la vie ou de la mort des artistes et même de l'art dramatique.

Si le théâtre est regardé comme une école du monde, les artistes sont les professeurs de cette école-là, ils devraient alors savoir s'y conduire puisqu'ils ont la prétention de faire un enseignement.

Que dis-je? ont-ils même la volonté d'être heureux? Ils disent bien oui; mais ils ne font rien pour cela, ou font peu de chose. Bien plus, à voir ce qui se passe on ne peut s'empêcher de croire qu'ils se plaisent même dans cette adversité. Mais quoi! je leur apporte les moyens d'être heureux, riches même, je fais un pas vers eux, qu'ils en fassent un vers moi. *Je leur assure à tous, toute l'année, des appointements en rapport avec leur mérite,* quoi de plus attrayant! quoi de plus beau! En retour de cela, je ne leur demande que de l'exactitude dans les relations de la vie, que de la bonne grâce et de la bonne volonté où ils en mettent de la mauvaise, et avec cela je me contente, suis-je trop difficile? avec cela je les fais riches et considérés, que veulent-ils de plus? Mais il faut le vouloir, et ils le peuvent s'ils le veulent. Entrons en matière : Quelles sont les causes de

la détresse des artistes dramatiques en province?

La réponse à cette question se trouve tout
au long dans les réflexions qui suivent, et
c'est ce qui fait le plan d'une nouvelle organisation des théâtres de France, Paris excepté.

Réflexions sur la détresse des Théâtres de province.

L'ennui naquit un jour de l'uniformité.

La détresse des artistes dramatiques de France, et surtout de la province, est tout à fait à son comble. Depuis plusieurs années *surtout*, en parlant simultanément des différentes causes de la décadence des théâtres, on n'a pas manqué de signaler entre autres causes vraies ou fausses, une certaine école de littérature, la mauvaise foi de certains directeurs, celle de certains artistes, celle de certains correspondants de théâtre, des prétentions exagérées et ruineuses d'une certaine classe de chanteurs d'opéra, du peu d'appui des ministères, de la modicité des subventions accordées par les villes et leur exigence, de l'indifférence du public de province pour leurs théâtres locaux, etc., etc., etc. On n'a pas manqué de parler ou d'écrire sur toutes ces causes, et rarement on a entendu parler de la cause qui est à mes yeux la plus positive et la plus véritable.

Je me suis toujours demandé comment, jusqu'à ce jour, on n'a pas cherché à appliquer le vrai remède au mal, mal qui a grandi de jour en jour, d'année en année; il m'a semblé aussi que plus il augmentait, plus les artistes feignaient de ne pas le voir.

Sans plus de préambule,

Ce mal est d'avoir, dans la même localité, sous les yeux, pendant une année, une année entière, quelquefois plus encore, la même troupe, ou à peu près, le même genre de spectacle, les mêmes artistes enfin.

Tout le mal est là. C'est là, la vraie cause de la détresse des théâtres de province, et toutes les autres causes ne sont que la conséquence de ce mal. Ce qui suit le prouverait évidemment, quand l'expérience ne serait pas là pour en donner mille preuves.

Ainsi, je ne cesserai de le répéter, une direction, quelle qu'elle soit, se trompe mille fois en province si elle croit remédier au mal en offrant au public l'attrait de nouveaux ouvrages joués par les artistes ordinaires de sa troupe.

En province, le public ne se renouvelle pas; ce n'est pas comme à Paris, où genre, théâtre, artistes, public, tout se croise, s'enchevêtre, se renouvelle en bien ou en mal, peu m'importe, mais tout se renouvelle enfin, et il en résulte toujours un aliment pour la curiosité du public, au lieu qu'en province, c'est toujours pour changer (comme on dit) la même chose. Tout est dans cette dernière phrase.

Transportez donc dans une ville de province la meilleure troupe d'un théâtre de Paris, il n'y fera pas ses affaires une année entière, la ville demandera bientôt autre chose ; mais si au contraire on envoyait dans cette ville, et que cela fût possible, successivement tous les théâtres de Paris, il est plus que probable que l'appât de la nouveauté ferait faire à chacun d'abondantes recettes, la ville trouverait toujours cet aliment à sa curiosité, que je ne cesserai de réclamer pour elle, et partant, cette curiosité se traduirait, comme on dit vulgairement et en termes prosaïques, par des pièces de cent sous.

Allons au fait, satisfaisons, et nous le pouvons, et le public et les artistes : satisfaisons le public, en lui faisant passer incessamment sous les yeux des genres et des artistes nou-

veaux; satisfaisons les artistes, en leur don-
nant la perspective d'arriver à de meilleures
positions de fortune, d'arriver dans une plus
grande ville, et par suite, à Paris, qui est le
point de mire des artistes qui travaillent
consciencieusement à acquérir du talent, de
la réputation et de la fortune.

Formons donc une administration nouvelle
des artistes dramatiques de France sur une
large base, sur une large échelle, mais sur
des bases toutes nouvelles, sous le titre de :

ADMINISTRATION CENTRALE DES ARTISTES DRAMATIQUES

DE FRANCE,

Dont le siége sera à Paris et d'où les artistes, engagés pour la province, recevront les ordres qu'ils devront exécuter ponctuellement.

L'administration centrale se chargera de leur assurer, et leur assurera, en effet, un chiffre d'appointements fixés d'après leurs antécédents et leur mérite comme artistes. Les voilà donc déjà assurés de ne pas mourir de faim.

L'administration, sera leur correspondant naturel et ne leur prendra aucun honoraire ni aucune prime pour leur avoir fait obtenir tel engagement plutôt que tel autre dans telle ou telle ville. Voilà encore une plaie fermée, et une plaie de correspondants ! les comédiens savent ce qu'elles sont. Les artistes dramatiques ont apprécié trop souvent la mauvaise foi qui préside aux engagements faits sous les auspices de certains agents dramatiques, dits correspondants.

L'intérêt des correspondants semble les obliger à être souvent en contradiction avec l'équité vis-à-vis de l'artiste ou vis-à-vis du directeur, non-seulement en contradiction, mais même en contravention de bonne foi. On en verra la preuve à l'instant (il n'y a pas de règles sans exceptions).

Un artiste n'a pas l'habitude d'avertir un correspondant du peu de mérite qu'il possède comme acteur, et ne lui recommande pas de n'envoyer à un directeur qu'un arliste qui convienne à la localité pour laquelle il l'engage; au contraire... Et doit-on l'en blàmer? Non. L'espoir de réussir, le besoin de se caser ne l'obligent-ils pas quelquefois à accepter au préalable l'engagement qui lui est offert? Mais quand l'acteur est mauvais, cet espoir de réussir s'évanouit après les débuts, mais le directeur demande un remplaçant, mais l'artiste n'en est pas seulement quitte pour avoir perdu son temps et les honoraires que le correspondant lui a retenus à l'avance; il a encore perdu l'occasion de se caser dans une ville qui a moins de ressources pécuniaires, c'est vrai, mais aussi moins de prétentions dans le choix de ses artistes.

Dans ces malencontreux débuts de la province tout le monde y perd : l'artiste d'abord comme on le voit déjà, le directeur aussi, car ceux qui savent ce que coûtent les débuts aux directeurs ne s'étonnent pas de leur ruine, et le public enfin, puisqu'il est appelé, par ces faits, à passer une partie de l'année sans spectacle, parce que le directeur a fermé son théâtre, et un théâtre fermé est la ruine d'une partie de la ville, d'un certain nombre d'employés, de nombreux fournisseurs, etc., etc., etc. Qui ignore tout cela ? Mon Dieu ! personne.

Cependant un nouveau directeur se présente, qui croit faire mieux que l'autre et à qui succèdent les mêmes événements..... et c'est ainsi que tout le monde est ruiné ou mécontent, et souvent l'un et l'autre.

Et à l'occasion des débuts, qu'il me soit permis ici de faire entrevoir au public et aux artistes, qu'avec l'administration nouvelle il ne peut plus être question désormais de ces scènes scandaleuses, ignobles, et indignes de gens qui se respectent, connues sous la dénomination sacramentelle de DÉBUTS, scènes qui dégradent et humilient autant les uns que les autres... NON, DÉSORMAIS L'ARTISTE NE FERA PLUS DE DÉBUTS, car ils ne prouvent absolument rien pour son talent. L'administration ne le tiendra pas quitte à si bon marché; non, désormais le public ne perdra pas son temps à voir faire des débuts, ce qui l'obligeait à voir et à entendre plusieurs fois de suite le même ouvrage, et c'est un des moindres inconvénients qui y sont attachés..... Non! non! C'est à l'administration seule que l'artiste aura à faire; elle seule est responsable aux yeux du public, et elle le respectera assez pour faire son devoir envers lui; elle y est d'ailleurs la première intéressée.

Quand je dis, plus haut, que tout le monde perd aux débuts, je me trompe : j'en connais qui gagnent momentanément à cet état de choses.

Le correspondant d'abord, puisqu'il perçoit des honoraires à l'avance et sur les avances des artistes qui contractent avec eux, et les conditions et transactions honteuses qui se font sous la cheminée ne sont que trop connues et avérées pour qu'il soit besoin de les rappeler ici. On ne saurait trop attirer l'attention sur cette plaie, mais enfin tout le mal n'est pas là, et c'est un mal qui n'existerait plus avec l'administration centrale nouvelle dont je parle en ce moment.

Qui est-ce qui y gagne encore ? Ce sont quelques artistes protégés par ces mêmes agents, lesquels artistes élèvent leurs prétentions plus ou moins fondées (je n'en discute pas ici la valeur), jusqu'à ne pas vouloir se donner à moins de 20, 25, 30,000 francs par an, ou 2. 3 ou 4,000 francs par mois, quelquefois bien plus ; et ici qu'on ne me parle pas de la liberté que possède tout un chacun de se vendre le prix qui lui plaît, c'est trop juste et c'est un droit que je ne conteste à personne au monde; mais par la même raison que vous avez le droit de vous vendre cher, moi, j'ai le droit de ne pas vous acheter du tout, parce que mes moyens comme directeur et mes ressources comme villes ne me permettent pas de vous payer si chèrement..... Mais patience, lorsque nous en serons là, tout le monde sera content et la répartition en sera plus facile qu'on ne pense ; les moyens sont tout trouvés avec ma nouvelle administration, et il sera plus facile de résoudre cette question qu'on ne se l'imagine.

Pour en donner un idée bien incomplète sans doute, cependant bien facile à saisir au premier coup d'œil, qui fera entrevoir ma pensée, et qui donnera la patience de me suivre jusqu'au bout, voilà ce que je me propose :

L'administration centrale assurera, TOUTE L'ANNÉE, aux artistes engagés par elle, les appointements qui seront portés dans leur engagement, parce que ces appointements auront d'abord eu pour base préalable, les ressources, et les recettes des théâtres sur le terrain où ils seront envoyés par l'administration nouvelle elle-même.

Je reviens à l'artiste dont je parlais tout à l'heure et qui montre des prétentions ruineuses pour le directeur; je disais donc, que pour peu qu'un artiste fasse dans les premiers mois de son année théâtrale deux ou trois débuts sans succès, il n'en a pas moins touché quelques milliers de francs, avec lesquels il vit, économiquement, il est vrai, le reste de l'année à Paris ; mais en maugréant, en se plaignant des cabales et des banqueroutes qui l'auront ruiné, il ne dira pas qu'il est une des causes partielles, c'est vrai, de la ruine du directeur, de celle de ses camarades... Oh! non, il aimera bien mieux attribuer sa mauvaise fortune aux cabales, aux banqueroutes, que d'avouer que le correspondant l'a fourvoyé en l'envoyant débuter sur une scène qui n'était pas à sa hauteur ou plutôt à la hauteur de laquelle il n'était pas. C'est dur à entendre, mais c'est vrai, et, au théâtre, la vérité n'est pas belle quand l'amour-propre est en jeu. Qu'ai-je besoin de faire ressortir les maux incalculables que cet état de choses traîne à sa suite, pour prouver les vices des anciennes administrations théâtrales et pour prouver la nécessité d'une organisation nouvelle sur de tout autres bases?

Enfin, le nouveau moyen d'action de l'administration centrale est la permutation incessante des diverses troupes qui composeront son personnel dans tous les genres.

On comprend déjà qu'à une bonne troupe de comédie et de drame succédera (le lendemain où elle ne fera plus de recette) une aussi bonne troupe d'opéras et ballets, qu'à cette dernière, succédera immédiatement une autre troupe d'un autre genre, d'artistes différents, etc., etc.; lesquelles se succédant les unes aux autres, exciteront et satisferont la curiosité du public, qui trouvera toujours un aliment nouveau dans ce qu'on lui offrira, soit dans les ouvrages, soit dans les artistes. Il est bien entendu que les troupes ne quitteront la place que lorsque l'administration s'apercevra qu'il est temps d'offrir du nouveau à la localité; elles ne resteront, en un mot, que celui de satisfaire sa curiosité, et, comme on dit, faire recette.

Par ce nouveau moyen de travail, l'administration a la ferme conviction qu'elle est appelée à faire progresser les appointements d'année en année, qu'elle entrera dans une nouvelle ère de prospérité pour le théâtre en général et les artistes en particulier.

Une seule objection qui paraît sérieuse au premier abord est faite ; la voici : Mais, dit-on, croyez-vous que les artistes, les chanteurs surtout, voudront se déplacer dans tous les temps pour voyager et aller faire leur service où on les enverra? Vous ne trouverez pas d'artistes. A cela, je réponds: Voulez-vous vivre en travaillant, ou mourir de faim à rien faire? — C'est pour le théâtre une question d'existence : il faut que les artistes en passent par là, ou se passent de manger. Réfléchissez bien. L'administration est là, elle vous offre une planche de salut. Cramponnez-vous-y, car c'est votre unique et dernière ressource. C'est, du reste, la seule objection qui puisse être faite et qui l'ait été par plusieurs personnes à qui ce projet a été communiqué, mais qui tombe d'elle-même par les lignes suivantes.

L'administration est chargée et s'engage de vous payer tous les mois. Les artistes sont chargés de jouer ou chanter, et s'engagent à le faire tous les jours de séjour et partout où il leur sera commandé.

Moyen d'exécution.

L'administration nouvelle commencera par la formation de plusieurs troupes de différents genres, composées le plus artistement et le plus paternellement possible, mais de nature à faire sensation partout où elles passeront et où elles séjourneront. Elle recherchera de préférence d'abord, les localités qui n'ont pas eu de spectacles depuis longtemps et qui en sont avides. Qu'importe le temps du séjour? si on fait de l'argent, on reste; si on n'en fait pas, on part; il faudra bien du temps avant d'avoir épuisé, dans une localité, toutes les ressources que l'administration aura à sa disposition.

L'administration se persuade qu'elle emportera, ou plutôt que les artistes emporteront les regrets des villes où ils séjourneront. La renommée ne tardera pas à signaler ces premiers essais dans des villes d'une plus grande importance, lesquelles ont le plus souvent à se plaindre et de la mauvaise direction des théâtres, et de la conduite des artistes qui en est la triste et inévitable conséquence.

Les villes et les artistes, chacun en ce qui les concerne, ne tarderont pas à se rallier et à pactiser sincèrement avec l'administration centrale et à ses nouvelles combinaisons. À mesure que l'administration augmentera sa clientèle de villes, elle augmentera son personnel d'artistes et pour le nombre et, si je puis m'exprimer en ces termes, pour la qualité; elle finira par obtenir, ainsi, sans effort, les principaux priviléges et sous-priviléges de France au profit des artistes et au profit de l'administration centrale, laquelle sera par conséquent bientôt à même de satisfaire à toutes les exigences de tous les théâtres de France bien plus efficacement qu'une direction quelle qu'elle soit, qui est toujours éphémère, éventuelle, et qui passe tous les jours de mains inhabiles en des mains quelquefois plus inhabiles encore, pour, en fin de compte, ne pouvoir être exploitée par personne, ainsi que l'expérience le prouve suffisamment, puisqu'il existe plusieurs grandes villes qui, par la voie des affiches, proposent la direction de leur théâtre, laissée vacante.... Suit les conditions de la ville qui sont toujours ruineuses pour quelque directeur que ce soit, mais qui se laisse encore prendre à l'appât d'être nommé directeur privilégié, pour n'être bientôt qu'un directeur *ruiné*.

En commençant ainsi, ma naissante et intéressante administration n'a rien à redouter
de personne, n'a rien à demander à personne, mais chacun viendra à elle avec le
temps; elle ne demande pas d'adhésion forcée
aux artistes, l'administration les engage et
les paye, et comme ils doivent être contents
de vivre en travaillant, ils attirent à eux
d'autres artistes. L'administration ne demande pas d'adhésion forcée aux villes, elles
viendront bien d'elles-mêmes s'offrir lorsqu'elles verront qu'aucune direction en
France ne pourra leur offrir de garantie sérieuse d'aucune sorte, ni leur offrir de spectacles aussi beaux et aussi variés que ceux
provenant de l'administration centrale. Elles
seront d'autant plus satisfaites et indulgentes
qu'elle ne leur demandera pas de subvention;
l'administration aura ses raisons pour cela,
et ce sera quelque chose de nouveau pour les

villes que de s'entendre dire : *Nous ne vous demandons rien que l'honneur de votre présence;* c'est une grande différence de langage que d'entendre dire : *La subvention que vous nous accordez n'est pas assez forte.*

L'administration n'ira sur les brisées d'aucune direction, elle laissera aller les directeurs comme par leur passé, ce n'est que lorsqu'ils seront las de se ruiner, et cela ne sera pas long, qu'ils cesseront d'être directeurs; et ce n'est que lorsque les villes seront fatiguées d'avoir des spectacles interrompus, non suivis et non variés par ces mêmes directeurs, qu'elles seront disposées naturellement à faire essai de la nouvelle administration, et une fois cet essai accompli et devenu satisfaisant, il n'y a pas de danger qu'aucun directeur obtienne d'elles le moindre privilége; ce privilége sera donc alors acquis à l'administration centrale, qui augmentera ainsi de jour en jour en réputation et en prospérité au profit des artistes, tout en augmentant les plaisirs du public.

Il sera donc de l'intérêt des artistes, d'exécuter ponctuellement les termes de leur engagement, car ils travailleront pour eux-mêmes tout en travaillant pour l'administration; ils n'auront plus à craindre ni chômage, ni banqueroute.

Qu'on ne parle pas des voyages, et des dépenses qui en sont la conséquence, c'est une affaires de chiffres, cela est prévu et sera compensé fort au delà par la prospérité toujours croissante qui naîtra des permutations bien organisées, bien calculées et ordonnées par l'administration centrale.

On peut juger, d'un coup d'œil, de l'effet produit par ces mutations de divers genres de spectacles de la province et l'effet de la progression des appointements qui sera la conséquence de la progression des recettes journalières.

On ne peut assigner encore le temps que mettra telle ou telle troupe à parcourir toutes les villes de France, depuis les plus grandes jusqu'aux plus petites, qui possèderont un théâtre. On ne peut donc dire le temps que les troupes resteront dans telle ou telle ville: mais l'intérêt bien entendu de l'administration est de ne laisser une troupe dans une localité que le temps nécessaire pour satisfaire sa curiosité, et faire place à une autre troupe, qui viendra à son tour surexciter cette curiosité avec un autre genre ou avec d'autres artistes.

Il sera difficile, pour ne pas dire impossible, à une localité de se montrer exigeante avec raison, car l'administration se chargera de lui donner plus qu'elle n'aurait osé espérer, et d'autre part, comme je l'ai dit, ne lui demandant pas de subventions, je lui enlève sa plus forte raison d'être exigeante.

Je ne parle pas de la partie artistique, ni de ce qu'elle y gagnerait, parce qu'il est évident pour tout le monde, que des troupes bien faites, bien choisies, auront plus d'ensemble, plus de talent lorsqu'elles auront vécu ensemble trois années (c'est le terme, au moins, que je donne à mes engagements), que lorsqu'elles ne travaillent entre elles que plusieurs mois.

Cette pensée une fois bien comprise, il ne reste plus qu'à se tracer une ligne de conduite vis-à-vis des artistes, et c'est le sujet du plan d'administration, dont j'ai formulé les bases qui font partie de l'engagement et de l'acte de société à contracter entre les artistes et le directeur général de l'administration centrale des théâtres de province en France, dont le siége sera à Paris.

Les villes de province n'auront pour l'administration d'autre distinction et d'autre désignation que le chiffre de leur population.

Ainsi on dira : ville de 3,000 âmes, ville de 5,000 âmes, de 50, de 100 mille âmes, etc.

Elles sont toutes appelées à profiter des représentations de troupes de divers genres, variés à l'infini, et qui seront successivement envoyées dans leur localité pendant une durée plus ou moins restreinte; c'est la recette du soir qui déterminera et modifiera immédiatement et sans appel le temps que la troupe demeurera dans la localité.

La seule distinction que l'administration fera des villes, sera donc son plus ou moins d'amour du spectacle et son plus ou moins de recette.

C'est un des travaux les plus importants de l'administration centrale, et sa correspondance incessante avec les gérants et ses régis-

seurs, sera toujours à même de l'éclairer à
ce sujet, pour ainsi dire, jour par jour, et ne
pourra pas être trompée facilement.

La curiosité du public se traduira donc,
pour l'administration, par le chiffre des recettes, toutes les autres distinctions de villes
de 1re, 2e, 3e, 4e ordre lui seront tout à fait
étrangères, il n'y aura rien pour elle de si
concluant et de si positif que le chiffre de la
recette du soir.

Telle ville aurait beau dire, cent fois par
jour, nous aimons beaucoup la comédie, la
tragédie, c'est un genre qui nous plaît beaucoup, nous voyons toujours avec plaisir les
chefs-d'œuvre de notre littérature classi-
que, etc., etc., etc.; si l'opéra et le ballet cap-
tivent sa curiosité et remplissent la caisse
pendant neuf mois, et que la comédie et la
tragédie ne la remplissent que pendant trois
semaines, l'administration connaîtra son af-

faire de suite et n'aura pas besoin de consulter longtemps la ville sur son véritable goût, elle sera définitivement fixée. Dans toutes les villes, même jeu, même résultat.

En province, un genre n'y est souvent peu goûté que par la manière dont il est représenté; telle ou telle ville n'a pas dit son dernier mot sur tel ou tel genre, de même que sur tel ou tel artiste; ainsi, pour moi, il n'est pas prouvé que telle ou telle ville ait la réputation de ne pouvoir souffrir tel ou tel genre et qu'elle préfère tel ou tel autre; je conteste cela, c'est contre toute raison humaine.

Lorsqu'une malheureuse troupe de province avait fait des essais infructueux dans une ville, avec le genre qu'elle y amenait, avait-elle immédiatement derrière elle un autre genre pour dire à la ville : Voulez-vous ce genre-ci? aimez-vous mieux ce genre-là? Non : elle ne procédait pas ainsi; elle ne le pouvait pas. Qu'arrivait-il alors? le public ne venait pas au théâtre... Le directeur faisait de nouvelles dépenses, la troupe redoublait d'efforts, de zèle, c'est possible. Vains efforts, zèle inutile pour l'attirer, il ne venait pas, il ne voulait pas venir; bien plus, il finissait par y mettre de l'obstination, et Dieu sait où elle nous mène; vous vous obstiniez bien à l'appeler à vous, pourquoi ne se serait-il pas obstiné à son tour à ne pas se rendre à votre appel? Voilà le public, voilà l'homme, voilà l'enfant, voilà l'humanité, en un mot. Je pourrais donner mille preuves à l'appui de ces assertions; à quoi bon! qu'on me démente, c'est trop évident.

Ainsi donc, tout est en faveur du bénéfice de la permutation, enfin du changement de genre et d'artistes aux yeux du public.

On parle des dépenses que cela occasionnera, moi je réponds par les recettes, c'est l'affaire d'une bonne administration, bien prévoyante, bien économe et surtout bien renseignée par ses agents. Remarquons bien, et je ne saurais trop le redire, que je ne force, en aucune façon, les villes à me faire permuter; bien loin de là, il ne tient qu'à elles de me voir constamment auprès d'elles, cela dépend entièrement d'elles, et alors ce ne sera peut-être pas un avantage immense pour l'administration ! Tant qu'elles voudront je serai leur serviteur; cela veut dire, en d'autres termes, que tant qu'elles feront faire des recettes au théâtre, je leur donnerai toujours du même; les recettes baissent, je change de genre ou d'artistes, et ainsi de suite; enfin, insister sur un pareil système est inutile; quand on a entendu ce peu de mots, on connaît tout le secret du peu de succès des théâtres de province, et on connaît le seul remède à appliquer à la décadence des théâtres et à la ruine des artistes dramatiques : ce serait perdre son temps que d'en dire davantage et revenir constamment sur un même sujet.

Pourquoi tant de localités en France sont-elles privées de spectacles quand on pourrait les en faire jouir aussi bien que d'autres ? Qui sait si cela ne serait pas un moyen gouvernemental ?

Ne payent-elles pas des impôts comme les autres villes ? Est-ce parce qu'elles ont 50 ou 100 habitants de moins que les villes voisines, qu'il faut que ses habitants fassent exprès un voyage à la ville prochaine pour y chercher un plaisir dont l'administration pourrait les faire jouir en passant et que, du reste, elles ne demanderaient pas mieux que de payer ?

Ainsi, en voyageant les troupes d'artistes

peuvent s'arrêter où elles le veulent; il vaut mieux qu'elles fassent des recettes même minimes, tout le long du voyage, que de n'avoir qu'un seul but, une seule ville en perspective pour s'y arrêter et très-souvent n'y rien faire; du reste, l'un n'empêche pas l'autre; rien n'empêche le séjour, rien n'empêche le voyage. Si on séjourne, c'est qu'on fait recette; si on voyage, on trouve l'occasion et de se faire connaître et de faire de l'argent; il y a, dis-je, grande chance pour en faire en suivant toutefois le plan administratif de la permutation, et *surtout* si les artistes sont organisés d'une manière à faire regretter leur départ et à faire souhaiter leur retour. Je veux enfin qu'on les supplie de revenir promptement, et cela se pourra toutes les fois qu'ils auront l'art de se faire désirer et estimer.

Trouvez-moi donc des moyens semblables avec l'organisation actuelle?

Qui ne sait par expérience que l'arrivée prochaine des comédiens dans une ville, est souvent le signal de certaines appréhensions de la part des habitants, et que leur départ vient souvent prouver que ce n'était pas sans raison qu'on appréhendait leur arrivée? Mais hâtons-nous de dire que c'est leur mauvaise fortune et non leurs mauvais penchants qui sont les principales causes de l'espèce de répulsion qu'ils rencontrent quelquefois, et que si d'ailleurs ils n'avaient pas d'inquiétude pour l'avenir, ils auraient certainement un présent plus convenable.

De quelles faveurs pourraient être entourés les artistes dramatiques à leur arrivée dans une ville, s'ils le voulaient bien!

De quels regrets ne serait pas suivi leur départ s'ils le voulaient bien aussi! Tout cela peut se réaliser du jour où cette idée sera bien comprise.

Il n'y a pas de phrases à faire ici, il n'y a pas besoin d'enquête, de comité, de commission, de Conseil d'État; pas besoin de consulter les principaux directeurs des théâtres *de Paris*, les principaux artistes *de Paris*, les princes de la littérature *de Paris*, et tant d'autres personnages *de Paris*, tous aussi loin de la question et aussi incapables de la résoudre que le serait un enfant de dix ans. Il n'y a donc rien à faire que de la bonne administration, et c'est très-facile sur un plan ainsi élaboré.

RÉSUMÉ.

Donc, on le voit : public sans spectacle, — directeurs se ruinant, — artistes non payés, — employés et fournisseurs mécontents et lésés : — voilà le résultat de ce qui se passe dans chaque ville à directeurs privilégiés, et tous les ans c'est à recommencer, il n'y a pas de villes qui ne soient la source et la cause certaine de tous ces malheurs. Telle ville qui donne une subvention croit avoir fait un grand effort en faveur de la direction, elle la ruine ; car elle ne convient pas qu'elle a la prétention de posséder une troupe au-dessus de ses moyens, au-dessus des recettes possibles à son théâtre, et que cette subvention qu'elle lui fait payer si cher, n'est que la cause de son exigence déraisonnable.

Je ne parle pas du peu de sympathie de certaines villes pour le théâtre de leur localité, j'y crois si peu que je me persuade qu'elles préféreraient des spectacles suivis et attrayants qui leur seraient offerts, à leurs nombreux cercles de province, que les habitués ne fréquentent ordinairement, de préférence au théâtre, qu'à cause du peu de diversité des genres et des artistes qui les composent.

Il doit donc me rester bien peu de choses à dire pour faire comprendre au public de la province que son intérêt, *celui de ses plaisirs bien entendu*, est d'avoir des spectacles attrayants; que s'il montre de la sympathie pour un genre de spectacles plutôt que pour un autre qui lui serait offert, la troupe restera tant qu'elle lui plaira, et les recettes prouveront mieux que toutes les protestations et les assurances des abonnés si le genre plaît ou ne plaît pas, si les artistes conviennent ou ne conviennent pas. Dès qu'on fera moins de recettes, c'est que le public commencera à se lasser, alors immédiatement tout sera remplacé par un nouveau genre et des artistes différents. Ainsi, dans l'année, l'administration centrale fera passer sous les yeux du public (*sans comparaison, comme des ombres chinoises*) avec un attrait toujours nouveau pour lui, des genres et des artistes sans nombre.

Ne voit-on pas le public de la province se porter au théâtre lorsque des artistes étrangers à la localité viennent s'y montrer? sa curiosité n'est pas plus épuisée que sa bourse, puisqu'après un artiste de renom il court le lendemain en admirer un autre, donc c'est du nouveau, et toujours du nouveau qui est nécessaire, n'en fût-il plus au monde.

Et une autre remarque très-juste, sous le rapport de l'art et de l'exécution des travaux, et qui doit être d'un poids immense, c'est que le public sera cent fois plus satisfait, car les ouvrages n'étant représentés qu'après avoir été étudiés avec soin; les artistes ne se trouvant plus forcés de faire de mauvaises études du jour au lendemain, études qui ne leur servent le plus souvent que pour très-peu de représentations; comme ils les auront jouées successivement dans diverses localités, je laisse à juger au public ce qu'il gagnera à voir représenter des ouvrages, avec une perfection et un ensemble qui ne se trouvent qu'à Paris, où les artistes jouent plus de cent fois de suite le même rôle et avec les mêmes camarades; donc sous ce rapport le public y est aussi intéressé que les artistes eux-mêmes.

ADMINISTRATION CENTRALE

DES THÉATRES DE PROVINCE

EN FRANCE.

───────◆───────

NOUVEAU MODE D'ENGAGEMENT

DES ARTISTES DRAMATIQUES POUR LA PROVINCE.

L'administration centrale n'ayant aucune espèce de rapport, ni de similitude dans ses applications et dans ses travaux avec les autres entreprises théâtrales connues jusqu'à ce jour, et ayant déposé chez Me notaire à Paris, la somme de

COMME GARANTIE DE L'INTÉGRALITÉ DES APPOINTEMENTS D'UNE ANNÉE, de tous ses pensionnaires artistes; pour la couvrir en partie de cette avance de fonds, elle retiendra cinq pour cent par année sur la totalité des appointements de chacun d'eux; cette retenue

s'effectuera par parties égales et en les
payant le 1er de chaque mois.

L'administration, en opposition immédiate
avec toutes les autres exploitations théâtrales
existantes en France, non-seulement recon-
naît, mais même répond de toutes les dettes
contractées par ses artistes jusqu'à la concur-
rence des 1, 2, 3 ou 4 cinquièmes des appointements qui leur seront dus.

L'artiste s'engage à paraître et à jouer son
emploi sur tous les théâtres dont l'administration centrale aura l'exploitation, et à s'y
laisser transporter ainsi que ses effets toutes
les fois et lorsqu'elle lui en donnera l'ordre,
quels que soient d'ailleurs le nombre de
voyages à faire par année, par mois, ou par
jour.

Comme l'administration centrale est éta-
blie sur de nouveaux moyens de travail et sur
des bases entièrement nouvelles, toutes con-
testations, de quelque nature qu'elles puis-
sent être, seront d'abord soumises à l'auto-
rité locale administrative, sauf ensuite le
renvoi à qui de droit, mais jusqu'à décision

définitive, l'artiste s'engage à satisfaire provisoirement l'administration à peine de   francs par représentation à laquelle il aurait refusé de concourir, et de   francs pour chaque répétition à laquelle il aura refusé d'assister.

L'artiste sera transporté d'une façon convenable aux frais de l'administration, de même que ses effets dont le poids ne pourra excéder

L'artiste s'engage à être rendu avec ses effets à   le
sous peine de   par jour de retard et de la perte de ses appointements échus avant son arrivée; *ses appointements courront du jour de son engagement avec l'administration.*

Les frais de timbre et d'enregistrement seront à la charge de celle des parties qui, par son fait, aura rendu nécessaires ces formalités.

Le présent engagement, qui est fait pour trois années consécutives, sera néanmoins révocable par l'administration dans le cas où l'artiste qui l'aura contracté ne saurait pas les rôles désignés dans son répertoire et ne pourrait pas remplir à la satisfaction du public l'emploi pour lequel il serait engagé.

Une maladie chronique ou périodique, comme goutte, etc., etc., de même que la grossesse d'une femme non mariée, couches et maladies qui en surviendraient, ou situation qui altérerait des facultés ou des moyens naturels, entraîneront de droit la résiliation du présent engagement. Cette mesure est surtout pour l'administration dans le cas où elle se trouverait dans la nécessité de faire remplacer l'artiste qui pourrait compromettre ses intérêts.

Les appointements cesseront de courir après quatre jours de maladie et ne recommenceront que lorsque l'artiste reprendra et continuera son service au moins pendant trois représentations consécutives.

Toute indisposition ou maladie devra être de suite attestée par le médecin de l'administration; dans le cas contraire, elle serait considérée comme feinte et l'artiste ne pourra se refuser à répéter ou à jouer le spectacle affiché ou annoncé par le répertoire ou le tableau du régisseur, sous peine de tous dommages et intérêts portés au réglement, et se soumet d'avance à la suspension de ses appointements pendant toute interruption provenant de son fait et sans préjudice des dommages et intérêts dont il est parlé ci-dessus et qui pourront être exigés par l'administration.

Tous les ans, la moitié ou les deux tiers des amendes encourues par les artistes et pensionnaires sera répartie par portion égale entre tous les autres artistes et pensionnaires qui n'en auront pas encouru dans le courant de l'année.

L'administration se réserve le droit, sans avoir recours aux tribunaux, de faire une retenue de   francs à l'artiste qui, soit à la répétition, soit à la représentation, se serait présenté deux fois pour remplir son devoir dans un état d'intempérance; et ce, sans préjudice des amendes fixées par le réglement.

L'administration se réserve le droit de placer dans chaque loge d'artiste le nombre de personnes que les circonstances et la localité exigeront; elle aura le droit de faire jouer à un artiste trois rôles quels qu'ils soient dans la même soirée.

L'artiste s'engage à ne paraître sur aucun théâtre que ceux dépendant de l'administration, comme aussi de ne paraître sur aucun théâtre de société, ni de chanter dans aucun concert sans une permission expresse et par écrit de l'administration centrale ou de son gérant, sous peine de   francs de dommages et intérêts.

L'artiste s'engage à jouer deux fois par jour si l'entreprise l'exige, et ce, sans aucun jeton de dédommagement; l'administration se réservant d'elle-même et de son plein gré de *reconnaître et récompenser dignement* les services que l'artiste lui aura rendus.

L'artiste doit posséder par-devers lui les rôles de poëme ou musique, appartenant à son emploi, et ne réclamera de l'administration que ceux des pièces nouvelles d'un an de date, et ces derniers seront toujours à la disposition de l'administration, qui pourra les réclamer de l'artiste où, et quand bon lui semblera, sous peine de   francs par brochure et de   francs par rôle de musique manquant.

L'artiste s'engage à n'exiger aucun rôle dans les pièces nouvelles. Cette condition est d'autant plus expresse que l'administration centrale, ou ses gérants, se réservent la distribution des rôles et des pièces à chaque artiste, sans égard aucun à ce qui se fait à Paris.

L'artiste s'engage à remettre, du jour au lendemain, tous les rôles portés sur son répertoire et non marqués d'une croix, sous peine d'une amende de   par rôle et par chaque jour de retard.

L'artiste, en outre, s'engage *à savoir* et *à jouer*, au gré de l'administration, tous les rôles, sans exception, portés sur son répertoire dont un double est joint au présent engagement; et à apprendre ceux qui lui seront distribués sur le pied de vingt-cinq lignes d'impression, soit prose ou vers, sans les répliques, par jour, sans compter celui de la représentation, le tout sous peine d'une amende de   francs par chaque jour de retard de la représentation d'une pièce, par contravention de sa part au présent article.

L'artiste se fournira, à ses frais, tous les habits, costumes, chaussures et accessoires de vêtements exigés par les rôles de son emploi et ceux qui lui seront distribués même hors de son emploi ; l'administration prétendant ne faire établir de son plein gré que les costumes qu'elle jugera convenables au bien de l'entreprise.

L'artiste se soumet d'avance au contrôle que l'administration se propose d'exercer ou de faire exercer chaque soir sur la qualité et la fraîcheur de ses costumes.

En conséquence de ce qui précède, M.   , artiste dramatique, se déclarant libre de tout engagement, s'engage à partir du   à consacrer ses talents exclusivement et sans réserve d'aucuns au service des théâtres de France en province dépendant de l'administration centrale

dont le siége principal est à Paris, rue
, n°

M. s'engage pour l'emploi de qu'il consent à tenir en chef ou en partage à la volonté de l'administration, représentée par les régisseurs-gérants attachés à la compagnie dont il fera partie, et dans quelque ville que ce soit.

M. recevra la somme de par année, payable de mois en mois, et le 1er de chaque mois, déduction faite des cinq pour cent stipulés plus haut, des délégations qui auront été acceptées par la caisse sur la demande de l'artiste lui-même, et des amendes qu'il aura encourues.

Fait double et de bonne foi à Paris, au siége de l'administration centrale des artistes dramatiques de France pour la province,

le 18

Suit le répertoire de chaque artiste.

Maintenant et pour me reposer un peu, je sens le besoin de dire un mot sur une institution, très-louable assurément, et qui date de quelques années; je veux parler de l'association des artistes dramatiques.

Cette association, qui existe depuis tantôt douze ans, a prouvé jusqu'à présent toute son inutilité ou plutôt toute son impuissance à venir d'une manière efficace au secours des artistes dramatiques; d'ailleurs elle ne le peut pas, son acte de société s'y oppose, elle

ne peut faire que ce qu'elle fait, c'est-à-
dire recevoir 6 francs d'un côté et donner
25 centimes de l'autre. Et certes, dans
l'exécution d'une invention semblable et
de semblables travaux, s'il est à jamais impossible de se ruiner, il est tout aussi impossible d'être bien utile à ses co-associés, mais
au moins elle prouve que si elle ne vient pas
secourir toutes les misères d'une façon efficace, elle peut rendre et rend en effet tous
les ans, par l'organe de ses administrateurs,
un compte parfaitement exact de ses travaux,
de l'emploi de ses fonds, et elle peut dire
tous les ans avec orgueil : Nous avons 17,000
francs de rente ; l'année prochaine nous en
aurons davantage, et c'est toujours une grande
satisfaction pour les artistes de province qui
sont dans la misère de pouvoir se dire : L'argent que nous avons donné est bien gardé,
et il ne s'envolera pas... Et puis nous avons

au moins la ressource de nous présenter rue
de Boudy, derrière le théâtre de l'Ambigu-
Comique, et on nous fera remettre 2 ou 3 fr,
pour parer aux éventualités d'une mauvaise
saison; et puis, nous aurons une pension au
bout de vingt ans... et puis, individuelle-
ment, l'artiste a encore le droit imprescrip-
tible et inaliénable d'aller entendre tous les
ans, en assemblée générale, un discours
très-beau de M. un tel, et entendre ap-
plaudir M. tel..,, qui dira la main sur son
cœur, la redingote boutonnée jusqu'en haut
et la voix visiblement dans les larmes, ou
des larmes dans la voix, comme vous vou-
drez, que l'association des artistes dramatiques, dont il s'honore d'être le père, est en
bonne santé, en pleine prospérité, et que
si l'association n'a pas soulagé autant de misères qu'elle l'aurait voulu, elle a du moins
la satisfaction d'annoncer qu'elle a un peu

plus de rente que l'année précédente, et qu'elle espère qu'avec le concours des artistes de Paris, dont la charité est inépuisable ainsi qu'ils l'ont prouvé dans toutes les occasions, lequel concours ne lui fera pas défaut (phrase de rigueur), l'association ose se flatter d'avoir encore un peu plus de rentes l'année suivante; et certes, il est très-agréable pour un artiste de province qui a ses effets au roulage et qui se trouve momentanément à Paris d'entendre dire des choses aussi rassurantes, et on ne peut lui retirer le droit, en sortant de cette assemblée générale, de bénir les fondateurs et les heureux administrateurs d'une association aussi utile qu'intéressante, et qui est appelée à rendre de si importants services à l'art et aux artistes dramatiques.

Imprimerie Dondey-Dupré, rue Saint-Louis, 46, au Marais.

www.ingramcontent.com/pod-product-compliance
Lightning Source LLC
Chambersburg PA
CBHW071402030726
47594CB00002B/811